Guido Maiwald

Eine Rezension zu ‚Der Begriff des Politischen' von Carl Schmitt

Der GRIN Verlag publiziert seit 1998 wissenschaftliche Arbeiten von Studenten, Hochschullehrern und anderen Akademikern als eBook und gedrucktes Buch. Die Verlagswebsite www.grin.com ist die ideale Plattform zur Veröffentlichung von Hausarbeiten, Abschlussarbeiten, wissenschaftlichen Aufsätzen, Dissertationen und Fachbüchern.

Dokument Nr. V205445 aus dem GRIN Verlagsprogramm

Guido Maiwald

Eine Rezension zu ‚Der Begriff des Politischen' von Carl Schmitt

GRIN Verlag

Die Deutsche Bibliothek verzeichnet diese Publikation in der Deutschen Nationalbibliografie;
detaillierte bibliografische Daten sind im Internet über http://dnb.d-nb.de/ abrufbar.

1. Auflage 2005
Copyright © 2005 GRIN Verlag GmbH
http://www.grin.com
Druck und Bindung: Books on Demand GmbH, Norderstedt Germany
ISBN 978-3-656-37026-0

Autor: Guido Maiwald

29.06.2005

Rezension: ‚Der Begriff des Politischen' von Carl Schmitt

Einleitung

Die Publikation „Der Begriff des Politischen" von Carl Schmitt ist noch heute Teil einer äußerst kontrovers geführten Diskussion im Kreise von Politik- und Rechtswissenschaftlern. Um die Arbeit sowohl in ihrem gesellschaftlichen als auch zeitgenössischem politischen Umfeld analysieren zu können, ist es unabdingbar, die Fixpunkte des Lebens des Verfassers unter Einbeziehung seiner weiteren Publikationen darzustellen. Nur so lassen sich sowohl der weitere Kontext seiner staatsrechtlichen Vorstellungen und seine eigene Verwendung der Begriffe „Politik", „Staat" oder „Demokratie" erläutern. So soll im ersten Teil dieser Rezension das Leben und Werk Carl Schmitts in einem möglichst kurzen und ‚destillierten' Abriss dargestellt werden. Im Hauptteil, der eigentlichen Rezension des Textes, werden dann die einzelnen Termini und ihr ideeller Kontext analysiert.

1. Leben und Werk

Carl Schmitt wurde am 11. Juli 1888 als Sohn einer katholisch-kleinbürgerlichen Familie im Sauerland geboren. Nach seinem Studium von 1907 bis 1910 promovierte er bei Fritz von Calker mit der Arbeit „Über Schuld und Schuldarten" und wurde für Staats- und Verwaltungsrecht, Völkerrecht und Staatstheorie habilitiert. Kontakte Schmitts zum Bonner Jungkatholizismus führten zu Beginn der 20er Jahre zu den Schriften „Politische Theologie" und „Römischer Katholizismus und politische Form". 1923 erschien seine erste politische Schrift „Die geistesgeschichtliche Lage des heutigen Parlamentarismus" und 1928 sein wichtigstes wissenschaftliches Werk, die „Verfassungslehre". In „Die geistesgeschichtliche Lage des heutigen Parlamentarismus" führte Schmitt aus, dass mit der Diktatur die Herrschaft der Diskussion und somit des Parlaments an ihr Ende gelangt sei und die „diktatorische Wende der Demokratie", die er als Wende der „Redensart" bezeichnete, vollbracht sei. Als Prinzip des Parlaments bezeichnete er den Meinungskampf mittels Argument und öffentlicher Diskussion, nicht die Verhandlung und nicht der Kompromiss. Das Prinzip der Demokratie hingegen sei das allgemeine Stimmrecht, das soll es willensbildend wirken, Homogenität, Ausschluss des Heterogenen, Einstimmigkeit und Zustimmigkeit im Stimmvolk voraussetze.[1] Richtungsweisend ist im Zusammenhang mit der Homogenität auch das Zitat: „Die politische Kraft einer Demokratie zeigt sich darin, dass sie das Fremde und Ungleiche, das Homogenität

---

[1] Schmitt, Carl: „Die geistesgeschichtliche Lage des heutigen Parlamentarismus" (1926), 8. Aufl., Berlin 1996

Bedrohende zu beseitigen oder fernzuhalten weiß".[2] Im gleichen Jahr wechselte er, trotz eines Rückschritts hinsichtlich seiner wissenschaftlichen Karriere, von Bonn an die Handelshochschule nach Berlin, da er dort Kontakte knüpfen konnte, die bis in die Regierungskreise hinein reichten. In der „Verfassungslehre" entwickelte er gegen die herrschenden Ansichten die Theorie vom „unantastbaren Wesenskern der Verfassung". Als Hochschullehrer war Schmitt äußerst umstritten, da er die Ansicht vertrat, die Weimarer Verfassung schwäche den Staat durch einen „neutralisierenden" Liberalismus und sei dadurch nicht fähig, die Probleme der entstehenden Massendemokratie zu lösen. Seiner Meinung nach war die parlamentarische Demokratie eine „veraltete bürgerliche Regierungsmethode".

Während seiner Zeit in Berlin entstanden die Publikationen „Der Begriff des Politischen" (1928), „Der Hüter der Verfassung" (1931) und „Legalität und Legitimität" (1932). Ab 1930 plädierte Schmitt für eine Präsidialdiktatur und gewann Kontakt zu Mittelsmännern des späteren Reichskanzlers Kurt von Schleicher. Trotz seiner Kritik am Pluralismus und an der parlamentarischen Demokratie stand er zunächst den Umsturzversuchen sowohl links- als auch rechtsextremer Gruppierungen ablehnend gegenüber und unterstützte vielmehr Schleichers Politik, die versuchte eine Herrschaft des Nationalsozialismus zu verhindern.

Nach dem Ermächtigungsgesetz von 1933 zog Schmitt nach Köln, wo er in kürzester Zeit in die Rolle eines Staatsrechtlers im Sinne des neuen Regimes hineinwuchs. In der Folgezeit hatte Schmitt entscheidenden Einfluss bei der Formulierung des Statthaltergesetzes und wurde sogar zum preußischen Staatsrat ernannt. Schmitt wurde zudem Herausgeber der „Deutschen Juristenzeitung" (DJZ), Mitglied der Akademie für Deutsches Recht, Leiter der Gruppe der Universitätslehrer im NS-Juristenbund und Fachgruppenleiter im NS-Rechtswahrerbund. In seiner Schrift „Staat, Bewegung, Volk: Die Dreigliederung der politischen Einheit" (Hamburg, 1934) bezeichnete er „die deutsche Revolution" als legal und als „formal korrekt in Übereinstimmung mit der früheren Verfassung. Er betonte zudem, die Revolution entstamme der „Disziplin und deutschem Ordnungssinn" und der Zentralbegriff des nationalsozialistischen Staatsrechts sei das „Führertum", wofür die „unerlässliche Vorraussetzung [...] die rassische Gleichheit von Führer und Gefolge" sei.[3] Mit seiner Reaktion auf die politischen Morde des NS-Regimes im Zuge der Röhm Affäre leistete Schmitt eine Umkehr vom Staatsrechtler hin zu einem legitimierenden Funktionär der NSDAP. Er betonte der Führer „schütze das Recht vor dem schlimmsten Missbrauch", wenn er „im Augenblick der Gefahr Kraft seines Führertums als oberster Gerichtsherr unmittelbar

---

[2] Schmitt, Carl: „Die geistesgeschichtliche Lage des heutigen Parlamentarismus" (1926), 8. Aufl., Berlin 1996, S. 14
[3] Schmitt, Carl: „Staat, Bewegung, Volk: Die Dreigliederung der politischen Einheit" (1933), S. 42

Recht" schaffe, da der Führer immer auch Richter sei, denn aus dem Führertum fließe das Richtertum.[4] In der Schrift „Über die drei Arten des rechtswissenschaftlichen Denkens" aus dem Jahre 1934 bezog sich Schmitt unter anderem auf „den jüdischen Charakter des normativistischen Legalismus (Gesetzespositivismus): „Es gibt Völker, die ohne Boden, ohne Staat, ohne Kirche, nur im ‚Gesetz' existieren; ihnen erscheint das normativistische Denken als das allein vernünftige Rechtsdenken und jede andere Denkart unbegreiflich, mystisch, phantastisch oder lächerlich."[5] Das „Gesetz zum Schutze des deutschen Blutes und der deutschen Ehre" vom 15.09.1935, welches Beziehungen zwischen Juden und Ariern unter Strafe stellte, bezeichnete er als „ein neues weltanschauliches Prinzip in der Gesetzgebung" in dem „eine von dem Gedanken der Rasse getragene Gesetzgebung auf die Gesetze anderer Länder [stoße], die ebenso grundsätzlich rassische Unterscheidungen nicht kennen oder sogar ablehnen".[6] Die Legitimation der nationalsozialistischen Judenpolitik durch Schmitt ging im Oktober 1936 noch einen Schritt weiter. Unter seiner Leitung fand eine juristische Tagung mit dem Titel „Das Judentum in der Rechtswissenschaft" statt, in der er sich zum Antisemitismus bekannte und forderte, jüdische Autoren in der juristischen Literatur nicht länger zu zitieren bzw. sie als Juden zu kennzeichnen. Im Jahre 1939 entwickelte Schmitt den Begriff der „völkerrechtlichen Großraumordnung", den er als deutsche Monroedoktrin verstand und durch den er die Expansionspolitik Hitlers zu legitimieren versuchte. Nach dem Ende des Krieges zog sich Schmitt wieder nach Plettenberg zurück, genoss jedoch keine Rehabilitierung, da er sich nie von seinem Wirken im 3. Reich distanziert hatte.

2. Der Begriff des Politischen

2.1 Intention und Entstehung

Schmitts Publikation ‚Der Begriff des Politischen' ist zu seinem berühmtesten Werk geworden, welches die wissenschaftliche Polarisierung sowohl um die Person Schmitts als auch um seine Lehre erst begründet hat. Im Vorwort seiner Publikation ‚Carl Schmitt, Leo Strauss und „Der Begriff des Politischen" – Zu einem Dialog unter Abwesenden" beschreibt Heinrich Meier diesen Umstand wie folgt:

---

[4] Carl Schmitt: „Der Führer schützt das Recht", DJZ, 1.08.1934, Heft 15, 39. Jahrgang, Spalten 945 - 950
[5] Carl Schmitt, „Über die drei Arten des rechtswissenschaftlichen Denkens", Hamburg, 1934, S. 9f
[6] Carl Schmitt in: Zeitschrift der Akademie für deutsches Recht, Bd. 3, 1936, S. 205

„Die schmale Abhandlung hat den Namen ihres Verfassers nicht nur aufs Engste mit der „Unterscheidung von Freund und Feind" verknüpft, wie keine andere Schrift Schmitts hat sie diese Unterscheidung selbst herausgefordert. Sie hat Feindschaft gesät, und sie hat Feindschaft geerntet."[7]

In einer Welt, die versuchte der Unterscheidung von Freund und Feind zu entkommen, wollte er die Unausweichlichkeit der radikalen Polarisierung hervorheben um das „Bewusstsein des Ernstfalles"[8] und das Bewusstsein für die Augenblicke, „in denen der Feind in konkreter Deutlichkeit als Feind erblickt wird"[9], zu schärfen. In einer Zeit „in der nichts moderner ist als der Kampf gegen das Politische"[10] wollte er die Unentrinnbarkeit des Politischen und die Unabweisbarkeit der Feindschaft in das Bewusstsein der politischen Theorie zurückbringen. Schmitts „Begriff des Politischen" stellt jedoch nicht nur hinsichtlich seiner Rezitationswirkung eine Sonderstellung in Schmitts Werk dar, sie ist auch die einzige Schrift, die Schmitt in drei unterschiedlichen Fassungen vorlegte. Die Änderungen der einzelnen Fassungen waren jedoch nicht nur stilistischer und politisch motivierter Art, sondern beinhalten „konzeptionelle Eingriffe und wichtige inhaltliche Klarstellungen".[11] Der Anstoß für diese Änderungen resultierte aus Schmitts Dialog mit dem damals noch jungen Philosophen Leo Strauss in den Jahren 1932/33, der später auch die Anmerkungen innerhalb dieser Publikation verfasste. Leo Strauss, selbst jüdischer Herkunft, konnte auch durch die Unterstützung Schmitts, seiner Heimat rechtzeitig den Rücken kehren, um 1932 zunächst in Paris und ab 1933 in London seine Hobbes-Studien fortzusetzen. Der Umstand, dass Schmitt seinen Dialogpartner aus politischen Gründen weder in der Fassung von 1933, noch in der von 1963 erwähnte, führte dazu, dass die entsprechenden Teile in ‚Begriff des Politischen' von Rezensenten und Kritikern nicht als Dialog erkannt wurden.[12]

---

[7] Meier, Heinrich: „Carl Schmitt, Leo Strauss und „Der Begriff des Politischen" – Zu einem Dialog unter Abwesenden", Verlag J. B. Metzler, Stuttgart, 1998, S. 11
[8] Schmitt, Carl: „Der Begriff des Politischen", Duncker & Humblot, Berlin, 1932, S. 30
[9] Ebd., S. 67
[10] Schmitt, Carl: „Politische Theologie. Vier Kapitel zur Lehre von der Souveränität", 2. Auflage, München und Leipzig, 1934, S. 82
[11] Meier, 1998, S. 15
[12] Ebd., 1998, S. 18

2.2 Argumentation und Struktur

2.2.1 Begriffsklärung: Das ‚Politische'

Bei der Klärung des Begriffs geht es Schmitt nicht darum eine „erschöpfende Definition oder Inhaltsangabe" zu finden, sondern bestimmende Kriterien des „Politischen" von bestimmenden Kriterien anderer Bereiche abzugrenzen. Er betont, dass die Moral durch den Gegensatz von gut und böse bestimmt wird, die Ökonomie durch den Nutzen, und die Ästhetik schön und hässlich gegenüberstellt. Als bestimmendes Kriterium für das Politische bezeichnet Schmitt die Unterscheidung von Freund und Feind.[13] In diesem Kriterium hebt sich das Politische von anderen Bereichen ab, ist jedoch nicht von ihnen getrennt, sondern ihnen übergeordnet. Nachfolgend betrachtet der Verfasser das Wesen des Feindbegriffes. Der Feind zeichnet sich aus durch seine Andersartig- und Fremdartigkeit, so wie aus der Möglichkeit eines Konfliktes mit diesem fremden Element, welcher nicht durch eine dritte, übergeordnete Macht entschieden werden kann.[14] Für eine politische Betrachtung des Konfliktes ist es unerheblich, ob der Feind als moralisch schlecht oder ein Konkurrent im ökonomischen Sinne ist. Dem Politischen wird dabei eine Sachlichkeit unterstellt, die sich in der Fähigkeit der Erkenntnis eines Konflikts manifestiert. Diese Feindbestimmung ist für Schmitt die „stärkste und intensivste Unterscheidung".[15] Als Feind bezeichnet Schmitt nicht den privaten, sondern den öffentlichen Feind, im Unterschied zum Ersten ist das Verhältnis zum öffentlichen Feind frei von Emotionen und die Feindschaft begründet sich aus „der realen Möglichkeit einer kämpfenden Gesamtheit von Menschen, die einer ebensolchen Gesamtheit gegenübersteht".[16] Maßgebende Institution der Freund-Feind Bestimmung ist nach Schmitt eine Gruppierung, die in der Lage ist diese Unterscheidung zu treffen und die er als „politische Einheit" bezeichnet.[17] Diese politische Einheit trifft dabei die Entscheidung (Dezision) eine durch einen Gegensatz zur eigenen Gruppe gekennzeichnete Gruppe als Feind zu erklären. Die Entscheidung wird jedoch nicht willkürlich getroffen, sondern begründet durch die Möglichkeit der physischen Tötung durch den Feind.[18]

---

[13] Schmitt, Carl: „Der Begriff des Politischen", Duncker & Humblot, Berlin, 1932, S. 26f
[14] Ebd., S. 27
[15] Ebd., S. 28
[16] Ebd., S. 29
[17] Ebd., S. 39
[18] Ebd., S. 33

2.2.2 Begriffsklärung: Kampf, Krieg und Neutralität

Wie im vorigen Kapitel erläutert, besteht eine Feindschaft im politischen Sinne für Schmitt nur im Fall einer Gefahr für das physische Leben. Die Konsequenz dieser Feindschaft besteht in Kampf und Krieg, wobei der Terminus Kampf „im Sinne seiner seinsmäßigen Ursprünglichkeit" mit realen Waffen ausgetragen wird und auf die physische Vernichtung des Feindes abzielt. Der Zustand des Krieges ist die „äußerste Realisierung der Feindschaft". Schmitt verweist jedoch darauf, dass der Krieg nicht der Normalzustand sein muss und dass nicht jede politische Entscheidung darauf abzielt Krieg zu führen. Er betont, dass seine Definition des „Politischen" nicht auf „bellezistischen, militärischen, imperialistischen oder pazifistischen" Argumenten beruht.[19] Schmitt vermeidet es ebenso eine moralische Wertung des Krieges zu liefern, wichtig ist ihm lediglich den Kampf als *ultima ratio* des „Politischen" zu begreifen, als Mittel um auf eine physische Bedrohung zu reagieren, der man sich auch durch Neutralität nicht entziehen kann. Wer sich der Feinderkenntnis und diesem Mittel verweigert, wird selbst zum Feind oder vernichtet.[20]

2.2.3 Kraft und Dynamik des Politischen

Wie in 2.2.2 erläutert, nimmt das „Politische" gegenüber den Bereichen der Religion, Moral und Ökonomie eine übergeordnete Stellung ein. Das bedeutet auch, dass Konflikte auf der Basis anderer Bereiche durchaus einen politischen Gegensatz zur Folge haben können, wenn diese in der Lage sind „die Menschen nach Freund und Feind effektiv zu gruppieren".[21] Schmitt verdeutlicht diese These im Folgenden anhand einiger Beispiele. So ist eine Gemeinschaft, die aus religiöser Motivation einen Krieg führt darüber hinaus eine politische Gemeinschaft, da sie fähig ist, Freund und Feind zu erkennen. Dieses Prinzip gilt auch für einen auf ökonomischer Basis bestehenden Zusammenschluss von Menschen, wie einem Konzern oder einer Gewerkschaft. Begreift ein bestimmter Teil der Gesellschaft, z.B. eine soziale Klasse eine andere soziale Klasse als Feind, so wird sie von einer ökonomischen zur politischen Größe, „wenn sie mit dem Klassen-„Kampf" Ernst macht und den Klassengegner als wirklichen Feind behandelt und ihn als Staat gegen Staat, sei es im Bürgerkrieg innerhalb

---

[19] Schmitt, Carl: „Der Begriff des Politischen", Duncker & Humblot, Berlin, 1932, S. 33
[20] Ebd., S. 54
[21] Ebd., S. 37

eines Staates, bekämpft".[22] Hier liegt denn auch die Definition Schmitts für den Terminus
Staat begründet:

> „Bemächtigt sich innerhalb eines Staates das Proletariat der politischen Macht, so
> ist eben ein proletarischer Staat entstanden, der nicht weniger ein politisches
> Gebilde ist wie ein Nationalstaat, ein Priester-, Händler- oder Soldatenstaat, ein
> Beamtenstaat oder irgendeine andere Kategorie politischer Einheit."[23]

Daraus folgert der Verfasser, dass eine Gruppe, die nicht in der Lage ist, über den Ernstfall zu
entscheiden, also den Feind zu bekämpfen, nicht mehr den Charakter einer „politischen
Einheit" hat.[24]

3. Kritik am pluralistischen Staatsverständnis

Seine Kritik am pluralistischen Staatsverständnis beginnt Schmitt mit der Betrachtung des
„Bismarckschen Kulturkampfes" und zweifelt die Souveränität des Staates in dieser Situation
an. Er betont, dass der Staat in diesem Fall weder gegenüber der Kirche noch gegenüber der
streikenden Arbeiterschaft als Souverän auftrat. Der Staat bildete zu dieser Zeit die „politische
Einheit", die über einen Krieg hätte entscheiden können, da sich keine andere Instanz dieser
Entscheidung hätte entgegenstellen können, ohne selbst zum Feind zu werden.[25] Durch seinen
politischen Charakter wird der Staat als Einheit zur maßgebenden Einheit, der pluralistische
Staat vernachlässigt jedoch das „Politische", da er keine Einheit schafft, sondern miteinander
konkurrierende „Assoziationen". Er wird zu einer Gesellschaft, die aus unterschiedlichen
Ideen wie Religion oder Ökonomie besteht, die das „Wesen des Politischen" ignoriert und als
Einheit Freund und Feind nicht mehr voneinander unterscheiden kann.[26] Im Gegensatz zum
innerpolitischen Pluralismus setzt das „Politische" eine pluralistische Staatenwelt voraus:

---

[22] Schmitt, Carl: „Der Begriff des Politischen", Duncker & Humblot, Berlin, 1932, S. 38
[23] Ebd., S. 38
[24] Ebd., S. 38
[25] Ebd., S. 42
[26] Ebd., S. 45

„Es gibt deshalb auf der Erde, solange es überhaupt einen Staat gibt, immer mehrere Staaten und kann keinen, die ganze Erde und ganze Menschheit umfassenden Welt"staat" geben."[27]

Eine politische Einheit kann seiner Theorie zur Folge nicht universal und damit die ganze Menschheit umfassend sein denn:

„Sind die verschiedenen Völker, Religionen, Klassen und andere Menschengruppen der Erde sämtlich so geeint, dass ein Kampf zwischen ihnen unmöglich und undenkbar wird, kommt auch innerhalb eines die ganze Erde umfassenden Imperiums ein Bürgerkrieg selbst der Möglichkeit nach für alle Zeiten tatsächlich nie wieder in Betracht, hört also die Unterscheidung von Freund und Feind auch der bloßen Eventualität nach auf, so gibt es nur noch politikreine Weltanschauung, Kultur, Zivilisation, Wirtschaft, Moral, Recht, Kunst, Unterhaltung usw., aber weder Politik noch Staat."[28]

Nachfolgend betont Schmitt, dass dieser „idyllische Endzustand" auf der Erde nicht erreicht ist. Der Kritik am Pluralismus folgt die Kritik am Gebrauch des Begriffs Menschheit, welche als Einleitung an der Kritik des Völkerbundes, eines die „Menschheit" umfassenden Bündnisses zu verstehen ist. Schmitt stellt klar, dass die Menschheit keinen Krieg führen kann, „… weil auch der Feind nicht aufhört, Mensch zu sein" und er führt weiter aus:

„Wenn ein Staat im Namen der Menschheit seinen politischen Feind bekämpft, so ist das kein Krieg der Menschheit, sondern ein Krieg, für den ein bestimmter Staat gegenüber seinem Kriegsgegner einen universalen Begriff zu okkupieren sucht, um sich (auf Kosten des Gegners) damit zu identifizieren, ähnlich wie man Frieden, Gerechtigkeit, Fortschritt, Zivilisation missbrauchen kann, um sie für sich zu vindizieren und dem Feinde abzusprechen."[29]

---

[27]Schmitt, Carl: „Der Begriff des Politischen", Duncker & Humblot, Berlin, 1932, S. 54
[28] Ebd., S. 54
[29] Ebd., S. 55

Wird also im Namen der „Menschheit" Krieg geführt, wird dem Feind „die Qualität des Menschen abgesprochen" und eine Legitimation gesucht, wodurch „der Krieg zur äußersten Unmenschlichkeit getrieben werden soll".[30]

4. Kritik am Völkerbund

Zunächst betont Schmitt, dass der Begriff des „Völkerbundes" nicht präzise ist, er könnte einerseits „das gegen andere Staaten gerichtete ideologische Instrument des Imperialismus eines Staates oder einer Staatenkoalition sein", oder er „könnte der Gründung eines die ganze Menschheit umfassenden Völkerbundes […] entsprechen, einen unpolitischen Idealzustand der Universalgesellschaft „Menschheit" zu organisieren". Die Konsequenz der Universalität „müsste aber völlige Entpolitisierung und damit vor allem zunächst einmal mindestens konsequente Staatenlosigkeit bedeuten."[31] Der 1919 durch die Pariser Friedensverträge gegründete „Völkerbund" müsste nach Schmitt hingegen „besser als „Nationalgesellschaft" bezeichnet werden, als ein widerspruchsvolles Gebilde. Sie ist nämlich eine zwischenstaatliche Organisation und setzt Staaten als solche voraus, regelt einige ihrer gegenseitigen Beziehungen und garantiert sogar ihre politische Existenz."[32] Hinsichtlich der im Völkerbund postulierten Vermeidung von Kriegen formuliert Schmitt:

> „Der Genfer Völkerbund hebt die Möglichkeit von Kriegen nicht auf, sowenig wie er die Staaten aufhebt. Er führt neue Möglichkeiten von Kriegen ein, erlaubt Kriege, fördert Koalitionskriege und beseitigt eine Reihe von Hemmungen des Krieges dadurch, dass er gewisse Kriege legitimiert und sanktioniert."[33]

5. Das Menschenbild bei Carl Schmitt

Schmitt wehrt sich intensiv gegen einen „anthropologischen Optimismus" – den Glauben an das Gute im Menschen, was auch durch sein Postulat von der Freund-Feind Beziehung

---

[30] Schmitt, Carl: „Der Begriff des Politischen", Duncker & Humblot, Berlin, 1932, S. 55
[31] Ebd., S. 56
[32] Ebd., S. 56
[33] Ebd., S. 56

verdeutlicht wird.[34] Basierend auf den Theorien Macchiavellis und Hobbes betrachtet er das Negativbild des Menschen sogar als „elementare Voraussetzung für das spezifisch politische"[35]. Das Bild vom Guten im Menschen verbindet Schmitt schließlich mit dem Liberalismus und er wirft seinen Anhängern vor:

> „Für die Liberalen dagegen bedeutet die Güte des Menschen weiter nichts als ein Argument, mit dessen Hilfe der Staat in den Dienst der „Gesellschaft" gestellt wird, besagt also nur, dass die „Gesellschaft" ihre Ordnung in sich selbst hat und der Staat nur ihr misstrauisch kontrollierter, an genaue Grenzen gebundener Untergebener ist."[36]

6. Kritik am Liberalismus

Den letzten Teil seiner Publikation widmet Schmitt der Kritik am Liberalismus. Zunächst stellt er klar, dass sich der Liberalismus stets selbst der Politik bedient, betont jedoch das Fehlen einer liberalen politischen Theorie, da liberale Politik sich lediglich gegen Einschränkungen richte und nur innenpolitisch aktiv werde.[37] Demnach gibt es „keine liberale Politik schlechthin, sondern immer nur eine liberale Kritik der Politik".[38] Die substantielle Kritik an der liberalen Lehre ist die Ignoranz gegenüber dem Staat und der Politik da sie sich „stattdessen in einer typischen, immer wiederkehrenden Polarität von zwei heterogenen Sphären, nämlich von Ethik und Wirtschaft, Geist und Geschäft, Bildung und Besitz"[39] bewegt. Weiterer Kritikpunkt Schmitts ist der Primat der individuellen Freiheit welches sich dem „Opfer des Lebens", das die politische Einheit gegebenenfalls verlangt, entgegenstellt.[40] Des Weiteren beklagt er die „Auflösung" solcher, für die Politik zentralen Begriffe wie z. B. Kampf auf wirtschaftlicher Seite zu Konkurrenz und auf geistiger Seite zu Diskussion. Diese Unterwerfung politischer Gesichtspunkte unter die „Ordnungen" von Moral, Recht und Wirtschaft hält Schmitt jedoch für eine Abkehr von der „Wirklichkeit des politischen Seins", da dort „immer nur konkrete Menschen und Verbände herrschen" und dadurch „politisch

---

[34] Schmitt, Carl: „Der Begriff des Politischen", Duncker & Humblot, Berlin, 1932, S. 64
[35] Ebd., S. 65
[36] Ebd., S. 60
[37] Ebd., S. 68
[38] Ebd., S. 69
[39] Ebd., S. 69
[40] Ebd., S. 70

gesehen, die „Herrschaft" der Moral, des Rechts, der Wirtschaft und der „Norm" immer nur einen konkreten politischen Sinn" hat.[41]

Zusammenfassung

Demokraten und Menschenrechtler können vor der Theorie Schmitts vom Wesen der Politik und seiner Aussagen zum Wesen eines Volkes oder des Staates nur mit Abscheu den Rücken kehren. Schmitt teilte das Volk in diejenigen, die zum Volk gehören und die nicht dazugehören, Freund oder Feind. In seiner „homogenen Gruppe" die er als Staatsvolk betrachtete gilt weder das Individuum noch dessen Meinung. So wenig wie diese bedeuteten dem Verfasser die Werte des Parlamentarismus und der Demokratie, welche er offenbar als „freie Meinung sich dem Führer zu unterwerfen" verstand. Der Leser fragt sich welchen Schritt der Mensch in den vergangenen 1000 Jahren in Richtung Zivilisation und Aufklärung wirklich gemacht hat, wenn das „Politische" als letzte Konsequenz den Gebrauch der Waffen beinhaltet und die „politische Einheit" sich aus der Erkenntnis seiner Feinde definiert.

---

[41] Carl Schmitt, ‚Der Begriff des Politischen', Duncker & Humblot, Berlin, 1932, S. 70f

Literatur

Meier, Heinrich: „Carl Schmitt, Leo Strauss und „Der Begriff des Politischen" – Zu einem Dialog unter Abwesenden", Verlag J. B. Metzler, Stuttgart, 1998

Schmitt, Carl: „Die geistesgeschichtliche Lage des heutigen Parlamentarismus" (1926), 8. Aufl., Duncker & Humblot, Berlin 1996

Schmitt, Carl: „Der Führer schützt das Recht", DJZ, 1.08.1934, Heft 15, 39. Jahrgang, Spalten 945 – 950

Schmitt, Carl: „Über die drei Arten des rechtswissenschaftlichen Denkens" (Hamburg,1934), 2. Auflage, Duncker & Humblot, Berlin, 1993

Schmitt, Carl in: Zeitschrift der Akademie für deutsches Recht, Bd. 3, 1936

Schmitt, Carl: „Der Begriff des Politischen", Duncker & Humblot, Berlin, 1932

Schmitt, Carl: „Politische Theologie. Vier Kapitel zur Lehre von der Souveränität", 2. Auflage, München und Leipzig, 1934

Schmitt, Carl: „Staat, Bewegung, Volk: Die Dreigliederung der politischen Einheit", Schriftenreihe „Der Deutsche Staat der Gegenwart", Heft 1, Hamburg, 1933